André Cochut

La Bourse

Essai

 Le code de la propriété intellectuelle du 1er juillet 1992 interdit en effet expressément la photocopie à usage collectif sans autorisation des ayants droit. Or, cette pratique s'est généralisée dans les établissements d'enseignement supérieur, provoquant une baisse brutale des achats de livres et de revues, au point que la possibilité même pour les auteurs de créer des œuvres nouvelles et de les faire éditer correctement est aujourd'hui menacée. En application de la loi du 11 mars 1957, il est interdit de reproduire intégralement ou partiellement le présent ouvrage, sur quelque support que ce soit, sans autorisation de l'Éditeur ou du Centre Français d'Exploitation du Droit de Copie, 20, rue Grands Augustins, 75006 Paris.

ISBN : 978-1545570876

10 9 8 7 6 5 4 3 2 1

André Cochut

La Bourse

Essai

Table de Matières

LES SOCIETES DE CREDIT FONCIER.   6

LA BOURSE ET LA BANQUE D'ANGLETERRE.   22

LES SOCIETES DE CREDIT FONCIER.

On s'occupe beaucoup de crédit foncier depuis quelques jours, à propos d'une affaire lancée avec un luxe d'annonces tout à fait exceptionnel. L'emphase des réclames a eu son effet ordinaire : elle a fait naître le désir de savoir le vrai des choses. Comme nous avons suivi avec une sympathie sincère les tentatives faites pour naturaliser en France, les banques foncières, nous nous croyons en mesure de répondre à la légitime curiosité du public.

Si l'on prenait la peine de relire une étude dans laquelle nous avons exposé théoriquement les diverses combinaisons essayées jusqu'à ce jour dans l'intérêt des propriétaires obérés, on verrait que l'essence du crédit foncier est de faciliter les emprunts sur biens-fonds, en garantissant les trois choses que les prêteurs doivent rechercher naturellement, la solidité du gage, le paiement régulier de l'intérêt, la possibilité de rentrer à volonté dans le capital dont on s'est dessaisi. Ces conditions peuvent être réalisées de deux manières. Des compagnies de propriétaires désirant emprunter livrent successivement à chacun de ceux qui entrent dans l'association, non pas de l'argent, mais un papier garanti collectivement, que l'emprunteur négocie lui-même, à ses risques et périls, pour se procurer l'argent dont il a besoin. — Ou bien ce sont des sociétés de capitalistes spéculateurs qui lancent à la Bourse des titres hypothécaires, de même que l'état émettrait des titres de rentes, et réalisent ainsi les écus dont ils l'ont l'avance à leurs clients. Dans le premier système, les titres, arrivant au jour le jour sur la place, y prennent naturellement le niveau des autres valeurs ; les emprunteurs, acceptant d'avance les chaînes de gain ou de perte, obtiennent l'argent à bon marché quand il abonde, le paient cher quand il est rare, ce qui est dans l'ordre, et de cette manière il n'y a pas d'obstacle à ce que les prêts se multiplient indéfiniment, Dans le second système, l'emprunteur touche exactement la somme pour laquelle il s'engage, sans courir aucune chance ; mais alors les prêts sont limités, n'ayant lieu qu'autant que les intermédiaires trouvent un bénéfice dans les négociations dont ils prennent la responsabilité.

En déclarant que la première combinaison est la plus rationnelle et la plus féconde, nous avons fait pressentir qu'elle ne prévaudrait probablement pas chez nous. L'honorable classe des propriétaires n'y brille pas par son esprit d'initiative. Aurait-elle fourni des hommes assez zélés pour organiser, sans bénéfice personnel, une entreprise d'intérêt général, pour agir auprès du pouvoir, provoquer une intelligente publicité, diriger sagement les émissions des lettres de gage et en soutenir au besoin les cours ? Parmi les emprunteurs, ignorant pour la plupart les plus vulgaires notions du crédit, en eût-on trouvé beaucoup qui consentissent à recevoir du papier pour solde de leurs bordereaux ? Ce papier, arrivant sur la place sans ensemble et sans appui, y aurait-il conservé quelque prestige aux yeux des gens du parquet et de la coulisse ? Tout cela est fort douteux. D'ailleurs, bien qu'il soit de mode en France de déclamer contre les jeux de bourse, une opération nouvelle n'est chaleureusement accueillie qu'autant qu'elle donne occasion de jouer. Il faut que l'affaire soit ou paraisse une belle affaire pour ceux qui la dirigent. La foule ne cherche jamais à se rendre compte de ce que vaut une conception par elle-même : elle la juge par l'habileté attribuée à ceux qui la patronnent. Une liste de noms bien connus dans le monde financier est la principale garantie du succès, du moins jusqu'au jour où les dividendes mesurent exactement la valeur de l'entreprise. Cette inertie du public français est déplorable sans doute, mais il en faut prendre son parti.

Le crédit foncier s'est donc naturalisé chez nous, au moyen d'un groupe de capitalistes formant le trait d'union entre les prêteurs et les emprunteurs. Ce ne fut pas sans tâtonnements qu'on parvint à régulariser ce système. Il avait d'abord paru naturel de diviser la France en circonscriptions, et de laisser aux hommes éminents de chaque ressort le soin d'adapter aux besoins de leurs localités le mécanisme des banques territoriales. Paris donna l'exemple. En vertu d'un décret de 28 mars 1852, une société représentée par trente et une personnes, et devant fournir un fonds de garantie de 25 millions de francs, fut autorisée à prêter aux propriétaires d'immeubles dans les sept départements du ressort de la cour d'appel de Paris, et à faire des émissions successives d'obligations foncières pour réaliser les fonds destinés aux prêts. Dans l'annuité à servir par le débiteur, l'intérêt de l'argent limité à 5 pour 100 au maximum, les frais d'administration et l'amortissement devaient être calculés de manière à ce que la durée de l'opération n'excédât pas cinquante ans, conditions en vertu desquelles on devait élever à 5 fr. 45 centimes pour 100 francs de capital la redevance annuelle de l'emprunteur. D'autres tentatives étaient faites dans le reste de la France. À Marseille, une société destinée à desservir trois départements (Bouches-du-Rhône, Var et Basses-Alpes, fut autorisée par décret du 12 septembre 1852. Une autre compagnie, comprenant dans son ressort les départements de la Mièvre, du Cher et de l'Allier, prit naissance en octobre 1852. L'expérience en était à ce point lorsqu'elle eut à subir tout à coup une transformation radicale.

Aux termes d'une convention passée le 18 novembre et divulguée seulement le 10 décembre 1852, peu de jours avant l'élection pour l'empire, le privilège de la société parisienne fut étendu à la France entière, à l'exception des six départements au service desquels étaient destinées les sociétés de Marseille et de Nevers. Il est probable que des tentatives de fusion eurent lieu, mais que les prétentions locales élevèrent des difficultés insurmontables. Quant à l'établissement qui se trouvait appelé à desservir quatre-vingts départements sur quatre-vingt-six, il reçut le titre de *Crédit foncier de France*, et s'engagea à distribuer entre les départements de son domaine, au prorata de leurs dettes hypothécaires, un prêt du 200 millions, à raison d'une annuité de 5 pour 100[1] devant éteindre la dette en cinquante années. Après l'épuisement des 200 premiers millions, la société continuera son office aux mêmes conditions, dût-elle abandonner un quart sur la part qui lui est allouée à titre de frais et bénéfices. Une succursale de la banque métropolitaine a dû être installée dans chaque ressort de cour impériale avant le 1er juillet de l'année courante. Enfin, pour lancer l'entreprise, le gouvernement lui a attribué la totalité du fonds de 10 millions consacré par le décret du 22 janvier 1852 à l'établissement du crédit foncier : cette subvention doit être touchée proportionnellement à l'importance des prête effectués

Muni de ce privilège, le *Crédit foncier de France* se constitua immédiatement. Son capital de garantie fut porté à 60 millions de

---

1 Toutefois, en vertu d'une combinaison financière qui sera expliquée plus loin, les personnes qui désireraient racheter leur dette dans le cours des quinze premières années, auraient avantage à emprunter suivant les conditions de la société primitive, c'est-à-dire moyennant 5 fr. 45 cent, par annuité.

francs, divisés en 120,000 actions. Toutefois on limita le premier appel de fonds à la moitié de ces chiffres. On avisa en même temps aux moyens de réaliser la somme qu'on avait pris l'engagement de prêter. Cette somme de 200 millions fut représentée par 200,000 *obligations foncières* de 1,000 francs, portant 3 pour 100 d'intérêt, remboursables en cinquante ans au taux de 1,200 francs à mesure qu'elles seraient désignées par le sort, donnant enfin chance à quatre tirages par an de lots montant ensemble à 1,200,000 francs pour les deux premières années et à 800,000 francs pour les années suivantes.

Grâce au concours empressé des grands capitalistes, le plus éclatant succès couronna d'abord toutes ces combinaisons. Les 20,000 actions de la société primitive montèrent jusqu'à 1,300 francs. Les promesses d'obligations, cotées dès le premier jour avec 30 fr. de prime, touchèrent le cours de 1,130 fr. Disons-le franchement : cette première impulsion dépassait la mesure. Mais les valeurs de bourse sont comme le pendule qui, lancé avec plus ou moins de force, en revient toujours à ses oscillations naturelles. Le nombre des actions primitives ayant été triplé on raison de l'accroissement du capital, celle circonstance justifia aux yeux du public l'affaissement de la prime. Depuis cette époque jusqu'au jour où les affaires d'Orient sont venues déprécier toutes les valeurs de bourse, les cours flottaient entre 820 et 880 francs. Les obligations se tenaient entre 1,075 et 1,090 francs. Entraînés dans la déroute générale, les titres divers du crédit foncier subirent une baisse très forte. La reprise ne leur a pas fait regagner, à beaucoup près, ce qu'ils ont perdu, et voici qu'un appel de fonds considérable au profit des petites agences de Marseille et de Nevers suscite à la société principale une rivalité assez inopportune dans l'état actuel de la place.

Malgré les réclames triomphantes, on ne saurait nier qu'il n'y ait en ce moment, dans le monde de la Bourse, quelque indécision à l'égard du crédit foncier. Les spéculateurs de profession se sont attiédis sur un genre d'entreprise dont ils n'apprécient pas exactement le mécanisme et les ressources : disposition fâcheuse, car les impressions superficielles des gens de bourse, propagées dans les causeries intimes, forment en définitive l'opinion de cette classe prépondérante qui alimente les entreprises financières pat le placement de ses économies.

En cette circonstance, c'est rendre service à tout le monde que d'exposer les faits sans préventions comme sans complaisance. Nous allons donc nous placer tour à tour au point de vue des différents intérêts engagés, c'est-à-dire des actionnaires fondateurs, des preneurs d'obligations qui prêtent l'argent des propriétaires obérés qui l'empruntent » et enfin du pays qui s'est flatté, au moyen du crédit foncier, de relever la propriété affaissée sous le poids de ses dettes hypothécaires.

Commençons par l'établissement normal dont le siège est à Paris.

Les actionnaires fondateurs du *Crédit foncier de France* ne sont pas dans la situation des capitalistes qui commanditent une spéculation industrielle. Un chemin de fer qui n'est pas fréquenté, une usine dont les produits se placent mal, une banque d'escompte qui éprouve des sinistres, dévorent les versements qui les alimentent. Les fonds de garantie avancés par les actionnaires du crédit foncier n'ont à subir aucune chance de perte : pour qu'ils fussent entamés, il faudrait de ces épouvantables cataclysmes qu'il n'est pas permis de prévoir. Ces fonds, placés sans aucun doute, fournissent leur intérêt naturel, premier élément du dividende auquel ils ont droit. La seconde chance de gain doit résulter du boni croissant sur les frais d'administration, à mesure que l'affaire se développera, La compagnie s'applique 60 centimes par 100 francs placés, jusqu'au chiffre de 200 millions. Au-delà de cette limite, les frais pourraient être abaissés à 45 centimes, si cette remise était nécessaire pour augmenter l'intérêt alloué aux acheteurs d'obligations. Supposez 600 millions d'affaires (ce serait un échec, si ce chiffre n'était pas atteint), les frais administratifs fourniraient au minimum 3 millions, le double à peu près de ce que dépense la Banque de France, dont le service, est beaucoup plus compliqué, beaucoup plus minutieux que ne le sera jamais celui du crédit foncier. Lorsque le prélèvement pour frais administratifs produira 3 millions, il y aura au moins sur cet article 1,800,000 fr. de bénéfice à répartir en dividendes.[1] Il semblerait enfin que la subvention de 10 millions à

---

[1] Suivant M. Josseau, les frais d'administration ressortent en Allemagne à 25 cent. par 100 francs ; mais il y a dix-huit administrations dont les prêts réunis s'élèvent à peine à 600 millions de francs, il est évident qu'une seule compagnie opérant sur la même somme réduirait beaucoup ses frais généraux.

André Cochut

encaisser proportionnellement à l'importance des prêts effectués dût procurer un supplément de bénéfices ; mais les calculs de la société ne sont pas en concordance avec les nôtres, Il en résulte, au contraire, que cette subvention tout entière, capital et intérêts, sera complètement absorbée par les nécessités de la première opération, Même dans cette hypothèse, et en admettant que le contingent des actionnaires dût se réduire à l'intérêt du fonds de garantie et au boni sur les frais d'administration, le dividende atteindra un chiffre très satisfaisant pour les détenteurs d'actions.

Le second intérêt à prendre en considération est celui des propriétaires emprunteurs. On a fait sonner bien haut l'avantage de ces prêts qui éteignent 100 francs de dettes au moyen de cinquante annuités de cinq francs ; mais il y a au fond de cette offre un inconvénient sur lequel il est bon d'ouvrir les yeux. On sait que la société s'engage à rembourser au taux de 1,200 francs chacune de ces obligations qu'elle vend 1,000 francs. Or cette différence de 200 francs retombé en perte sur le débiteur qui désiré se libérer avant que la créance ait été réduite pur le jeu de l'amortissement. Par exemple, un propriétaire emprunte 1,000 francs à éteindre en cinquante ans, moyennant l'annuité de 5 pour 100 ; deux ans plus tard, il y a nécessité de libérer l'immeuble, soit que l'emprunteur ait besoin de réaliser complètement son capital, soit qu'il y ait lieu à licitation après décès. Eh bien ! indépendamment de 100 francs qui ont déjà été versés pour deux annuités, il reste à payer pour le principal 1,199 francs 37 centimes : en définitive, cet argent si libéralement promis à 5 pour 100 aura coûté 15 pour 100. C'est seulement à partir de la seizième année que la plus-value de 200 francs se trouve amortie, et dès lors la somme que le débiteur doit payer pour se libérer va en s'amoindrissant d'année en année. Cette combinaison n'est-elle pas bizarre et regrettable ? Le crédit foncier, dont la mission est de relever, de moraliser la propriété, devrait offrir une prime aux débiteurs laborieux et économes qui font effort pour s'affranchir au plus tôt ; c'est au contraire une perte dont ils sont menacés. La société a si bien senti cette anomalie, qu'elle a institué deux tarifs de prêts et deux modes de libération. Les personnes qui consentent à payer par annuité 5 francs 45 centimes conservent le droit d'éteindre leur dette à court terme, sans être exposées à restituer plus qu'elles n'ont reçu. On peut encore rapprocher la libération en augmentant la puissance de l'amortissement ; on s'acquitte, par exemple, en payants francs 52 centimes pendant quarante ans, ou 6 francs 52 centimes pendant trente ans, 8 francs 07 centimes pendant vingt ans. Au surplus, quel que soit le mode qu'on adopte, le mécanisme du crédit foncier est incontestablement favorable aux propriétaires, et ce ne sont pas seulement ceux dont on admet les demandes qui profitent de l'institution ; la propriété tout entière y trouvera du soulagement. L'expérience est à peine commencée, et déjà, assure-t-on, les capitaux offerts par l'entremise des notaires ont tendance à la baisse.

Jusqu'ici, le *Crédit foncier de France* s'annonce comme une affaire avantageuse pour les actionnaires fondateurs et pour les propriétaires qui sont admis à emprunter. C'est beaucoup ; mais cela suffit-il ? Pour prix du privilège qui lui a été accorde, il a une importante mission à remplir. Il doit au pays d'opérer sur une très large échelle la transformation de la dette hypothécaire. Le mode d'emprunt qu'il a adopté est-il assez attrayant pour déterminer cette grande révolution dans les habitudes des capitalistes ? Là est le nœud de la question. Nous avons quelques doutes que nous allons justifier en examinant l'institution nouvelle au point de vue des intérêts généraux du pays.

Le *Crédit foncier de France* a dans son ressort une population de 34 millions d'âmes, avec une dette foncière de 12 milliards 1/2. Depuis une année environ qu'il fonctionne, les ouvertures qui lui ont été faites pour des emprunts représentent un total de 180 millions ; mais il ne faut tenir compte que des demandes régulières, appuyées des pièces requises par les statuts : celles-ci atteignaient en ces derniers jours le chiffre de 6,339 et s'élevaient à la somme de 121,730,935 francs ; la moyenne par demande est d'environ 17,000 francs. Les prêts autorisés jusqu'à ce jour ne dépassent pas le nombre de 431, pour une somme totale de 29,568,200 francs. La moyenne des allocations s'élève donc à 68,600 francs, chiffre montrant que l'utilité de l'entreprise n'a guère été sentie jusqu'à présent que par la grande propriété.

Sous l'impulsion de M. Wolowski, l'apôtre du crédit foncier de France, l'administration centrale fonctionne aussi activement que le permet la nouveauté de l'expérience. Les succursales sont à peu près organisées dans les quatre-vingts départements dont se compose le domaine de la société. Chaque semaine, le conseil d'administration s'assemble et autorise de nouveaux prêts. L'hostilité qu'on avait quelque raison de craindre de la part des notaires ne s'est pas manifestée ouvertement : au contraire, ceux d'entre eux qui sont intelligents commencent à sentir que le crédit foncier, en leur donnant autant d'actes à faire, les décharge de la responsabilité qu'ils encouraient en procurant à leurs clients des placements hypothécaires. Bref à en juger par l'allure que l'opération a prise, il faudrait environ deux ans encore pour distribuer les 200 millions que la société a promis de prêter. Sur ces 200 millions, 40 seulement sont réalisés. Dans l'état actuel de la place, où tant d'affaires se disputent les capitaux, deux ans suffiront-ils pour obtenir des porteurs d'obligations les 160 millions dont ils sont encore redevables ?

Le *Crédit foncier de France* a eu le tort, selon nous, de ne pas mesurer la grandeur de sa mission et le poids de sa tâche. Il a eu la Bourse en vue, quand il fallait regarder le pays dans ses profondeurs, il a imaginé une de ces combinaisons financières, efficaces quand il s'agit d'enlever lestement une petite somme, mais insuffisantes en présence d'une opération à longs termes, ayant pour but de remuer une masse énorme de créances.

En émettant des obligations foncières à intérêt de 3 pour 100, on a beaucoup trop compté sur le prestige des chances aléatoires attachées à ces titres. On a cru ingénieux de combiner les remboursements avec accroissement de capital comme pour les obligations de chemins de fer, avec les espèces de loteries mises à la mode par les emprunts de la ville de Paris, on a pensé peut-être que quatre tirages par an équivaudraient à un système d'incessantes réclames. Calcul trompeur, à notre avis. Ces sortes d'amorces n'ont d'effet que dans un rayon assez restreint : elles échauffent quelques esprits aventureux ; elles attirent momentanément une partie des valeurs flottantes vouées à la spéculation ; mais elles n'ébranlent pas ces grandes masses de capitaux, ces réserves de famille qui cherchent des placements normaux et durables.

En finances, d'ailleurs, les chances aléatoires se ramènent à des valeurs positives que les gens d'affaires doivent savoir apprécier. La chance d'être remboursé dans le cours d'un demi-siècle avec une plus-value de 20 pour 100 correspond à un accroissement d'intérêt de 40 centimes par 100 francs. En second lieu, 800,000 francs de lots entre 200,000 joueurs équivalent à une mise individuelle de 40 centimes par 100 francs. Le produit effectif d'une obligation foncière de 1,000 francs peut donc être, calculé ainsi :

Intérêt du principal à 3 pour 100	30 francs.
Plus-value de remboursement	4
Participation aux tirages de lots	4
Total	38 francs.

Or, comme le titre s'est vendu à la bourse au-dessus du pair, ce genre de placement produit en définitive moins de 3 pour 100 d'intérêt fixe, plus deux billets de loterie, dont l'un doit sortir, suivant la moyenne probable, dans vingt-cinq ans, et dont l'autre ne sortira probablement jamais. Ces conditions sont-elles assez attrayantes pour déterminer sur une large échelle la conversion de la dette hypothécaire ? Le doute est permis.

Le grand inconvénient de ces emprunts aléatoires, qui s'adressent, non pas à l'intérêt bien entendu, mais à la cupidité irréfléchie ; c'est qu'il suffit, pour les éclipser, d'une autre combinaison présentée d'une manière plus spécieuse et annoncée avec plus de retentissement. Ce danger, auquel le *Crédit foncier de France* s'est exposé, vient de se manifester par l'annonce d'une affaire qui remplit depuis quelques jours la quatrième page des journaux quotidiens.

Les sociétés de *Crédit foncier de Marseille et de Nevers* ont concédé à M. Mirès le droit d'émettre en leurs noms un emprunt de 48 millions, divisé en 480,000 titres de 100 francs au porteur, procurant un intérêt fixe de 3 fr. 65 centimes par an, plus un intérêt aléatoire de 75 centime, c'est-à-dire que 100 lots, d'une valeur totale de 360,000 francs, doivent être distribués chaque année aux cent souscripteurs désignés par le sort. Les versements doivent être faits par quart et en quatre années ; seulement, comme une commission de 10 pour 100 est allouée à M. Mirès pour ses frais et peines, le souscripteur doit verser la première année 35 francs au lieu de 25 ce qui porte à 110 fr. l'action, qui ne sera remboursée qu'à 100 francs, suivant son taux nominal.

Rien de plus séduisant que cette annonce, sauf un léger oubli. On a omis de faire connaître au public ce que sont les sociétés de Marseille et de Nevers ; la date de leur existence légale, leur personnel administratif, leur régime financier, les besoins et les ressources du domaine livré à leur exploitation. On ne dit pas, du moins dans les annonces de journaux, si les tirages de lots et les paiements d'intérêts se feront à Marseille, à Nevers ou à Paris ; on ne dit pas comment sont garantis les fonds versés pendant les quatre années qui précéderont la délivrance des lettres de gage. Que des personnes qui se présentent pour emprunter 48 millions, et qui les trouvent, oublient de dire leurs noms et leurs adresses, n'est-ce pas un trait digne de l'âge d'or ?

Pour réparer autant que possible cette inadvertance, nous nous sommes mis en quête de renseignements. Nous avons découvert que la société du *Crédit foncier de Marseille* est formée au capital de 3 millions, divisé en six mille actions de 500 francs chacune. Une première série de deux mille actions, la seule qui ait été émise jusqu'à présent, a été immédiatement partagée entre 158 actionnaires fondateurs. Le fonds de garantie n'est donc provisoirement que de 1 million, dont la moitié, seulement a été versée. Les clauses reproduisent presque littéralement la première rédaction des statuts de la société parisienne, lorsque son ressort était limité à sept départements. Le maximum des prêts est de 300,000 francs. L'annuité à payer pendant cinquante ans par l'emprunteur est de 6 pour 100. La direction est confiée à M. Delpuget, juge au tribunal de commerce. Les opérations doivent s'étendre à trois départements. Depuis que la société est en exercice, il lui a été adressé des demandes d'emprunt pour environ 6 millions : il n'est pas à notre connaissance qu'aucune allocution ait été accordée jusqu'à ce jour. — Quant au *Crédit foncier de Nevers*, son fonds nominal n'est que de 2 millions, divisé en 4,000 actions de 500 francs chacune. Cent seize actionnaires-fondateurs ont émis une première série de 1,200 actions, soit 600,000 francs, dont la moitié seulement devait être versée aux termes des statuts. Bien que l'article 20 du même acte portât que « 10 centimes par 100 francs pour lots et primes, s'il y a lieu, » seront compris dans l'annuité, les lots ont été élevés à 75 centimes. Les opérations ont commencé le 15 avril dernier. 281 demandes, formant un ensemble de 4,825,400 francs, ont été reçues ; 35 seulement ont été accueillies. Elles s'élèvent en sommes à 1,295,700 francs, suit en moyenne 37,020 francs.

On nous dira peut-être qu'il est inutile aux capitalistes de connaître avec précision la constitution et le bilan des banques foncières, que ces établissements, opérant dans des limites étroitement tracées par la loi et sous l'inspection d'un commissaire de gouvernement, ne peuvent en aucune façon compromettre le capital qui leur est confié. Il faut s'entendre à ce sujet.

Lorsque le prêt a été effectué conformément aux prescriptions légales, le titre hypothécaire mobilisé sous le nom de *lettre de gage* constitue assurément la valeur la plus sûre qu'il soit possible de créer : la sécurité qu'elle inspire est la raison de la faveur comparative dont elle jouit ; mais, dans le système adopté chez nous, lorsque les prêts se font par l'intermédiaire d'une société qui emprunté pour replacer les fonds avec bénéfice, il y a un moment de transition où le prêt n'est pas *gagé*, où les avances faites par les bailleurs de fonds n'ont d'autre garantie que la solvabilité personnelle des banquiers emprunteurs, Jusqu'au jour où la compagnie a effectué des placements hypothécaires, les fonds disponibles qu'elle a empruntés, et pour lesquels elle paie intérêt, doivent être utilisés. Si elle ne retrouvait pas un intérêt égal à celui qu'elle paie, elle subirait une perte ; si elle se chargeait à l'avance d'une masse de capitaux hors de proportion avec ses besoins, elle s'exposerait à de graves embarras.

Il est regrettable, à ce point de vue, que les *Crédits fonciers de Marseille et de Nevers* aient négligé de produire leur état de situation et la perspective de leurs affaires. Les fondateurs de ces sociétés n'ont probablement pas demandé 48 millions en quatre ans sans avoir étudié les besoins de leurs localités. Toutefois, à en juger par les expériences faites à Paris, la somme nous semble beaucoup trop forte. En prenant pour mesure relative des valeurs immobilières l'impôt foncier et celui des portes et fenêtres, les six départements composant le domaine des sociétés de Marseille et de Nevers représentent en importance la vingtième partie du territoire. Or, faire un appel de 48 millions, c'est demander autant que si la société de Paris avait demandé 960 millions ! Douze millions par an (c'est ce que l'on compte placer à Nevers et à Marseille) correspondent à 240 millions de placements annuels faits par le *Crédit foncier de France*. Eh bien ! après cinq ou six mois d'exercice, à ne compter que depuis sa transformation, il n'a encore appelé que 40 millions, dont il lui reste, une dizaine, en disponibilité.

La France n'en est encore qu'aux premiers tâtonnements en matière de crédit foncier : les illusions sont donc bien excusables. On conçoit que les fondateurs d'une société provinciale, voyant leurs départements grevés de 3 ou 400 millions d'hypothèques,[1] considèrent comme très facile d'y placer 6 millions par année ; mais, indépendamment de la routine et de l'inertie, combien d'empêchements qu'on ne pouvait prévoir ! Les uns, par fausse bonté, préfèrent l'emprunt mystérieux fait chez le notaire ; d'autres craignent de s'engager avec un créancier qui n'accorde pas de répit ; le plus grand nombre n'a pas de pièces régulières à produire. Les premiers travaux du *Crédit foncier de France* ont révélé un fait à peine croyable : c'est que dans nos campagnes un nombre considérable de familles possèdent la terre sans titres valables, et sous la sauvegarde de la notoriété publique. L'abus a causé de tels embarras, que des notaires sollicitent, comme une mesure d'ordre public, un renouvellement général des titres de propriété, en forçant chacun à se mettre en règle pour l'avenir.

Ces difficultés expliquent pourquoi le *Crédit foncier de. France*, malgré l'avantage qu'il aurait à multiplier ses placements, n'a pu distribuer qu'une trentaine de millions. Nous ne savons pas si les banques foncières de Marseille et de Nevers rencontreront les mêmes résistances. Ce qui est certain, c'est que si, ne trouvant pas à placer chacune leurs 6 millions par an, elles restaient nanties de fonds sans emploi, elles auraient d'autant plus de peine à les faire valoir provisoirement, qu'elles empruntent à un taux plus fort. Elles se vantent, dans leurs réclames, de donner plus que la rente sur l'état et les caisses d'épargne ; mais, qu'on le remarque bien, ce n'est pas seulement 4 fr. 40 c. qu'elles auraient à recouvrer. Les souscripteurs devant participer aux chances complètes de la loterie

---

[1] Les inscriptions hypothécaires dans les trois départements du ressort de la société nivernaise s'élèvent à 345,599,280 francs. Pour les trois départements de la société marseillaise, elles sont de 374,108,680 francs.

avant même qu'ils aient complété leurs versements, la société supportera une redevance, équivalant à un intérêt de 6 francs 65 cent, pour la première année, de 5 francs 10 cent, la seconde, et de 4 francs 65 cent, la troisième.

C'est sans doute pour éviter de se charger d'une masse de fonds, et aussi pour se mettre à la portée des petites bourses, qu'on a réparti sur quatre années le versement de la modique somme de 100 francs ; mais ce mode, d'emprunt a l'inconvénient de reculer la délivrance des lettres de gage. Pendant quatre ans, le créancier n'aura qu'une simple promesse ; son prêt ne sera pas gagé hypothécairement ; la garantie principale restera suspendue. Le *Crédit foncier de France* a aussi distribué des promesses ; mais, en vertu d'une décision récemment prise, on a la faculté de compléter les versements, afin de régulariser immédiatement les titres. Remarquons d'ailleurs que la société parisienne, qui a émis des titres provisoires seulement pour 40 millions, a dans ses coffres un fonds social de 15 millions en espèces réalisées : la garantie est ici surabondante.

Quant aux revenus offerts aux capitalistes, une polémique assez aigre s'est engagée à la Bourse et dans les journaux entre les partisans des diverses sociétés. Ceux qui tiennent pour Nevers et Marseille font valoir la supériorité de l'intérêt fixe, qui est de 3 francs 65 cent, par an ; mais on objecte qu'il faut payer en surcharge la prime de commission, qui est de 10 francs, et qu'ainsi on ne tirera en réalité que 3 francs 31 cent. 4/5, l'intérêt fixe ne fera même que de 2 francs 61 centimes la première année, et de 3 francs 04 centimes la seconde. Au cours actuel des *obligations foncières* (1,035, avec déduction de 5 francs pour l'intérêt échu, soit 1,030), le revenu fixe correspond à 2 francs 91 cent. 1/3. Ce n'est pas tout : le *Crédit foncier de France* rembourse ses actionnaires, non pas au pair, comme l'entreprise rivale, mais avec une plus-value de 20 pour 100 ; ce qui est non pas une chance fugitive et illusoire comme celle des loteries, mais un revenu certain, quoique différé, équivalant à un intérêt de 40 centimes pour 100 francs. La *rente positive*, au cours du jour, est donc d'un côté de 3 francs 31 cent. 4/5, et d'autre côté de 3 francs 31 cent. ¼. La différence est imperceptible.

Reste l'amorce dont le bon public se montre si friand, le billet de loterie. Marseille et Nevers se vantent d'élever les lots dans la proportion de 75 centimes par 100 francs de capital. La grande société de Paris n'accorde aux chances aléatoires que 60 centimes les deux premières années, et 40 centimes pour le reste de la période d'amortissement ; mais, dit-on de ce côté, en fait de loterie, ce qui enflamme le public, c'est l'importance des lots, c'est la douce espérance de se réveiller riche un beau matin. Pour les deux petites sociétés, le plus gros lot est de 50,000 francs, et sur vingt-cinq gagnants vingt n'ont que 1,000 fr. Avec le *Crédit foncier de France*, le gros lot est de 100,000 fr. ; les moindres lots sont de 5,000 francs. Et puis la compagnie parisienne s'engage à distribuer toujours le même nombre de lots entre les porteurs d'obligations non remboursées : c'est-à-dire que les chances de gain augmenteront à mesure que le nombre des prétendants diminuera, de sorte qu'au dernier tirage, 4,000 personnes seulement auront 800,000 francs de lots en perspective. En sera-t-il de même dans les tirages de Marseille et de Nevers ? On ne s'est pas explique à ce sujet.

En reproduisant ces commentaires des joueurs, nous sommes des échos passifs. ; nous ne nous prononçons pas sur les avantages des divers systèmes. Nous ne dissimulerons pas néanmoins que ces calculs si compliqués, ce ballottage de chances, cette subtilité à chatouiller les instincts cupides et la passion du jeu, fléaux de notre temps, nous confirment dans la répugnance que nous avons pour les loteries appliquées à de grandes et sérieuses affaires.

En résumé, il est probable que les *Crédits fonciers de Marseille et de Nevers* trouveront leurs 48 millions, parce que leur emprunt, extrêmement morcelé, est présenté de manière à affriander un public nouveau, celui des caisses d'épargne.

Le *Crédit foncier de France*, de son coté, a déjà réalisé 40 millions par l'appel d'un premier cinquième. Un nombre assez grand de souscripteurs, désirant se mettre en règle en échangeant les billets-promesses contre des litres hypothécaires, offrent d'effectuer le versement complémentaire de 800 francs. À ceux-ci, on délivrera, s'ils le désirent, des coupons de 100 fr. portant intérêt de 3 pour 100 et payables au porteur.[1] Au moyen de ces paiements volontaires,

---

[1] Quand une obligation sera remboursable, chacune des coupures de 100 francs sera liquidée à 120 troncs. Roui les tirages de loterie, le gain entier sera attribué à une seule des coupures. Avant le tirage général, le hasard désignera la série gagnante. Supposons le numéro 5 sorti de l'urne où sont les dix numéros de série, toutes les coupures portant le numéro 5 et appartenant aux obligations favorisées par le soit gagnent la totalité du lot au détriment des neuf autres.

la compagnie pourra retarder les appels de fonds obligatoires : circonstance très heureuse en raison de l'état de la place et de la diversion que viennent faire les sociétés provinciales. Espérons donc que le pays n'attendra pas trop longtemps les 200 millions qui lui ont été promis avec tant d'emphase.

Deux cents millions ! Ce serait un gros chiffre pour une opération ordinaire ; relativement aux immenses besoins de la propriété :, ce n'est rien. Dans les quatre-vingts départements entre lesquels cette somme doit être répartie, les inscriptions hypothécaires s'élèvent à 12,482,000,000 francs, sans compter les emprunts sans gages, sans compter les besoins que suscitent au jour le jour les incessantes transformations de la propriété. Cette avance de 200 millions ne représente pas plus de 1 franc 60 centimes pour 100 francs d'hypothèques inscrites. Quand ce premier effort sera accompli, il faudra lancer de nouvelles séries d'obligations pour continuer l'œuvre. Croit-on qu'on lèvera indéfiniment des centaines de millions en offrant un faible intérêt, avec des billets de loterie pour appoints ? Ce serait se faire une étrange illusion.

Encore une fois, les capitaux qui se livrent aux aventures sont très limités et très inconstants. Les gens qui ont vidé leur bourse avec le plus d'entrain dans les emprunts aléatoires deviennent les plus ardents à dénigrer le système, quand cinq ou six tirages ne leur ont pas apporté un gros lot. Le crédit foncière est une affaire à part : il ne doit pas compter sur l'argent déjà consacré aux actions industrielles, ni sur les économies qui s'accumulent au jour le jour ; les jeux de bourse leur offrent actuellement des tentations trop irrésistibles, et les sommes qu'on en pourrait détachée au profit de la propriété immobilière seraient insignifiantes en présence de la plus grosse dette qui soit au monde. La vraie mission du crédit foncier est de convertir la dette hypothécaire en déterminant les anciens créanciers à échanger les contrats nominatifs dont ils sont détenteurs contre des obligations Impersonnelles et garanties par une hypothèque collective sur tous les biens grevés.

Comme solidité, les obligations foncières procurent un placement incomparable. Elles sont les titres d'un hypothèque réelle ; elles n'ont pas à craindre, comme les rentes sur l'état, ces retranchements qu'on appelle des conversions ; elles ne portent pas, comme la plupart des actions industrielles, la tache de ces monopoles commerciaux contre lesquels l'opinion publique pourrait tôt ou tard réagir : elles possèdent un mode d'amortissement incessant, infaillible, puisque la société les reprend toujours au pair des mains de ses débiteurs. Que leur manque-t-il donc pour devenir le meilleur des placements ? De procurer un intérêt qui n'amoindrisse pas trop les revenus auxquels les rentiers hypothécaires sont accoutumés. Il faudrait, en un mot, que les obligations foncières, dégagées de toutes les chances illusoires, offrissent aux porteurs un revenu fixe de 4 pour 100. À ce cours, et avec tous les autres avantages qu'elles réunissent, elles se négocieraient assez rapidement, assez abondamment pour que la conversion de la dette hypothécaire s'exécutât rapidement et sur une vaste échelle.

Nous allons plus loin. Pourquoi ne réaliserait-on pas dès à présent une telle amélioration ? Tout le monde y gagnerait, les prêteurs, les emprunteurs, le pays tout entier. Si nous ne nous trompons pas, le *Crédit foncier de France* supporte pour intérêts, primes, amortissement et frais de gestion, une redevance de 5 francs 10 centimes par 100 francs qu'il emprunte, l'excédent de 10 centimes étant compensé par la subvention. Eh bien : en élevant à 4 pour 100 l'intérêt annuel, 64 centimes suffiraient pour l'amortissement ; l'extension des affaires permettrait en même temps de réduire les frais d'administration, de sorte que les résultats se rapprocheraient beaucoup de ce qui existe aujourd'hui.

Certes, nous n'avons pas la prétention de donner des conseils à une société qui réunit dans son comité directeur quelques-uns des hommes les plus clairvoyants du monde financier ; nous ne faisons que traduire les vœux que nous avons entendu énoncer plus d'une fois. Le moyen de s'assurer des véritables dispositions du public serait d'émettre une nouvelle série d'obligations à 5 pour 100, en laissant aux porteurs des séries précédentes la faculté de changer les titres anciens contre les nouveaux. Pour ceux qui tiennent aux remboursements avec plus-value et aux tirages de loteries, on combinerait les chances aléatoires de manière à réserver leurs droits. Violerait-on l'esprit et la lettre du contrat passé entre la société et les porteurs d'obligations, en réduisant la somme consacrée aux lots, si le nombre des numéros participant aux tirages était réduit proportionnellement ? mais ne le croyons pas. Quant aux coupures de 100 francs, un excellent moyen d'en développer la circulation serait d'en faire payer la rente dans toutes les succursales. Si en même temps une publicité incessante, ingénieuse, parlant divers langages pour pénétrer partout, faisait comprendre dans les salons et dans les chaumières le mécanisme du crédit foncier et les garanties vraiment exceptionnelles que présentent les lettres de gage, on accoutumerait le public à voir dans ces nouvelles valeurs un placement normal et solide, sur lequel on peut asseoir avec sécurité l'avenir d'une famille. Les petites coupures, ramassant les économies stagnantes, remplaceraient en beaucoup de cas les caisses d'épargne, et, nous en sommes convaincu, la conversion de l'ancienne dette hypothécaire s'opèrerait si rapidement, que le *Crédit foncier de France* pourrait bientôt distribuer à ses actionnaires un dividende de 8 à 10 pour 100, même en abaissant beaucoup, si cela devenait nécessaire, la prime qu'il se réserve pour ses frais et bénéfices.

Nous tiendrons nos lecteurs au courant de ce qui se fera en matière de crédit foncier, car il ne s'agit point ici d'une vulgaire entreprise intéressant seulement un groupe de spéculateurs, mais d'une affaire d'utilité générale dont la réussite ou l'avortement ne sera pas sans influence sur les destinées du pays.

LA BOURSE ET LA BANQUE D'ANGLETERRE.

Il y a de l'inquiétude et du malaise à la Bourse. Depuis une quinzaine de jours, le fonds régulateur, le 3 pour 100, a rétrogradé par petites secousses, de 80 fr. à 77 Francs. Peu de valeurs ont résisté à ce mouvement restrictif. Le bénéfice produit par les espérances de pacification se trouve à moitié dévoré. On ne saurait dire précisément à quoi tient cette défaveur. Parmi les spéculateurs au jour le jour, qui veulent savoir chaque soir le motif de la hausse ou de la baisse, on échange des conjectures plus ou moins sombres sur la querelle turco-russe ou sur l'insuffisance des céréales ; mais des faits positifs, des appréhensions suffisamment justifiées, on n'en articule point, il y a même des optimistes qui expliquent ta pesanteur des fonds et l'inertie des affaires, par l'absence des princes de la finance, et qui affirment que le retour des vacances sera le signal d'une brillante reprise. L'explication la plus naturelle à nos yeux est l'état de la place de Londres, où se manifestent, en pleine prospérité, les symptômes précurseurs d'une crise monétaire. Londres étant aujourd'hui ce qu'était Amsterdam au siècle dernier, le grand marché des espèces métalliques, les influences que subit sur cette place le commerce de l'or et de l'argent sont ressenties dans le monde entier, et à cet égard les mesures récemment prises par la Banque d'Angleterre méritent d'être étudiées avec la plus vigilante attention.

Représentons-nous d'abord le mécanisme interne d'une banque privilégiée, afin de nous rendre compte de ces alternatives d'abondance et de pénurie monétaires qu'un appelle ou termes du métier *expansion* et *contraction*.

Nous supposons, par exemple, une banque possédant à son point de départ un fonds de 100 millions en valeurs métalliques. La portée naturelle de ses affaires autorise, une émission de 200 millions en papier. En même temps, des capitalistes détenteurs d'une somme de 200 millions dont ils n'ont pas l'emploi immédiat la contient provisoirement à la banque à titre de *dépôt* gratuit Voilà donc l'établissement privilégié en possession d'un encaisse de 300 millions. Résistera-t-il à la tentation de le faire valoir ? Non, sans doute : il pourra sans inconvénients élever la somme des avances qu'il fait au commerce ; il sera modéré s'il ne la porte qu'à 600 millions. Ce n'est pas tout : les 200 millions déposés dans les coffres de la banque ne servent pas moins aux transactions ; ils y sont représentés par des *mandats* que les propriétaires tirent sur la banque, mandats transmissibles de mains un mains et payables à vue, comme les billets au porteur. Ainsi, dans l'hypothèse où nous nous plaçons, la *circulation*, c'est-à-dire l'ensemble des facilités offertes au commerce, comprend d'une part 200 millions en billets de banque et d'autre part 200 millions en mandats ou récépissés fonctionnant comme des billets ; total : 800 millions. En pareil cas, l'argent surabonde. On surexcite l'industrie ou la commanditant, le commerce en abaissant le taux des escomptes, les affaires débourse en prêtant sur nantissements de valeurs ; en un mot, il y a *expansion*. Mais survient une circonstance telle que les capitalistes ont intérêt à reprendre les fonds déposés gratuitement, soit en vue d'un placement lucratif à l'intérieur, soit pour les faire valoir à l'étranger. 100 millions en espèces sont ainsi relues et exportés. La banque, dont l'encaisse disponible se trouve réduit à 200 millions, est obligée de restreindre proportionnellement les émissions de son papier : elle les abaisse, à 400 millions. Ainsi les moyens de crédit, amoindris par le retranchement de 200 millions en billets et 100 millions en mandats, tombent tout à coup à 800 millions à 500. Alors il faut élever le taux des escomptes afin de les restreindre : il faut même parfois créer des embarras au commerce, afin de modérer cet essor qui l'emporte à l'étranger avec les capitaux d'emprunt : il y a *contraction* ; quand la contraction est trop brusque et trop violente, elle dégénère aisément en crise commerciale.

La théorie que nous venons de résumer va nous faire comprendre ce qui se passe en Angleterre, et comment l'état du *money-market* réagit actuellement sur la place de Paris.

Au commencement de l'année dernière, l'or arrivait abondamment de l'Australie et de la Californie, au moment même où l'appréhension d'une guerre générale suspendait en Europe les opérations à longs termes, inactif et craintif, il alla comme d'habitude se réfugier provisoirement dans les coffres de la Banque d'Angleterre. Du mois de mars au mois d'août 1852, les dépôts, tant publics que particuliers, s'élevèrent communément à 460 millions de francs. En même temps, la somme des billets émis par la banque était rarement inférieure à 750 millions. Les réservoirs du crédit étaient donc riches à plus de 1,200 millions, ressources bien supérieures aux besoins réels du moment, il y eut engorgement de capitaux : l'argent fut offert à bon marché. Provoquée par la concurrence que lui faisaient les autres capitalistes, la banque fut forcée d'abaisser à 2 pour 100 le taux de ses avances. Cette libéralité, coïncidant avec les assurances solenelles données en France pour le maintien de la paix, surexcita au plus haut degré le génie entreprenant de nos voisins. La spéculation britannique ne se contenta pas d'accélérer le mouvement industriel à l'intérieur ; elle déborda de toutes parts ; elle communiqua sa propre fièvre à d'autres nations fort disposées d'ailleurs à la contracter. Jalouse des résultats obtenus par les Américains on Californie, elle se précipita sur l'Australie, non pas seulement pour y déterrer de l'or, mais avec la généreuse impatience d'y improviser un monde nouveau. Sur le continent européen, elle entra dans la plupart des grandes affaires, mais de manière à y fomenter cet agiotage qui sévit contagieusement depuis une année. Le concours des *capitaux anglais* n'est-il pas devenu en France une phrase banale de prospectus ?

À force de se disséminer au loin, les capitaux disponibles se raréfièrent sur le grand marché. La Banque d'Angleterre jugea prudent de comprimer cet essor désordonné de la spéculation, en restreignant peu à peu les facilités offertes au commerce. Par une décision du 6 janvier dernier, elle éleva le taux de l'escompte à 2 1/2 pour 100. Quinze jours après, elle se mit au niveau de la Banque de France, en portant l'intérêt à 3 pour 100. Au commencement de juin, il fallut monter jusqu'à 3 1/2. On augmentait peu à peu la dose du calmant dans l'espoir découper la fièvre : on n'y réussit pas.

À partir du mois de juin, des besoins d'argent plus multipliés, plus impérieux que jamais se manifestèrent. L'orage qui se formait du côté de l'Orient obligea l'état à des armements dispendieux. Prévoyant l'insuffisance des récoltes, les négociais anglais, qui ont sur les nôtres l'avantage de la liberté commerciale, prirent l'avance pour faire au loin de grands achats de blés payables en argent. L'impulsion donnée aux manufactures coïncidant avec une émigration nombreuse, et le droit de se concerter étant acquis aux ouvriers anglais, il en est résulté une hausse notable dans les salaires, de sorte qu'il faut envoyer dans les comtés industriels beaucoup plus de monnaie pour le service quotidien. Un singulier engouement pour l'Australie s'est déclaré depuis six mois, de façon que ce pays, où tout est à faire, absorbe actuellement plus d'or monnayé qu'il n'en renvoie à sa métropole sous forme de lingots. Un autre genre de spéculation, fort lucratif sans doute, trouble momentanément le marché monétaire, un envoie sur le continent de l'or pour y acheter de l'argent,[1] qui est relativement plus cher, et cet argent ne rentre probablement en Angleterre que sous forme de denrées ou de marchandises. Pour nombre de spéculateurs qui sont entrés comme actionnaires ou commanditaires dans les grandes compagnies, surtout en France et en Espagne, l'instant est venu de répondre aux appels de fonds qui sont faits. Enfin une telle rage d'affaires s'est développée en Amérique, qu'on y emprunte à

---

1 Par exemple, la loi française déclare qu'un poids d'or vaut quinze fois et demi un poids égal d'argent, si, par suite des trouvailles faites en Californie et en Australie, l'or perdait dans le commerce de sa valeur relative, c'est-à-dire, si au lieu de quinze fois et demi, il ne valait plus sur le marché que quinze fois son poids d'argent, il y aurait un bénéfice évident à échanger l'or anglais contre l'argent français.

LA BOURSE ET LA BANQUE D'ANGLETERRE.

tous prix pour se jeter dans toutes sortes d'aventures industrielles, et qu'en ce moment, sur la place de New-York, on peut faire des placements suffisamment garantis à 12 pour 100 d'intérêt ; c'est une tentation à laquelle succombent beaucoup de capitalistes anglais.

Voici donc l'argent sollicité de dix côtes en même temps, sollicité surtout pour l'exportation. La possibilité d'utiliser très avantageusement des fonds auxquels la banque n'accorde aucun intérêt produit son effet ordinaire, le retrait des dépôts. Dans la première quinzaine du mois de juillet, les *dépôts particuliers* dépassaient encore la somme de 335 millions de francs.[1] Depuis cette époque, ils ont subi de semaine en semaine une décroissance qu'on va apprécier :

Diminution des depuis particuliers pendant la semaine finissant le	
16 juillet 1853	915,475 fr.
23 «	6,054,150
30 «	10,620,000
6 août	6,987,750
13 «	7,137,700
20 «	14,160,925
27 «	12,255,675
3 sept.*	2,901,075
Total des retraits en huit semaines	61,042,750 fr.

* Après la dernière élévation de l'escompte.

Le mouvement du marché monétaire démontre en même temps que les retraits de dépôts sont occasionnés en grande partie par des exportations d'espèces métalliques, par exemple, pendant la semaine finissant le 27 août, il est arrivé de l'Amérique et de Hambourg une somme de 13,510,000 francs en argent, plus 400,000 francs en or venant de l'Australie et du Portugal. Pendant la même période hebdomadaire, il a été expédié 25,750,000 francs en or, somme sur laquelle la Russie a reçu 3,750,000 francs, et la France

---
[1] Nous traduisons les chiffres au change de 25 francs la livre sterling.

17,500,000 Francs. Hier encore, nous lisions dans des journaux postérieurs aux derniers bilans : « Des sommes considérables en or viennent d'être retirées de la banque, à destination de la Russie. Les envois d'or en France continuent également. »

C'est pour opposer un frein à cette tendance que la Banque d'Angleterre a élevé tout récemment son escompte à 4 pour 100 ; mais on ne s'abuse pas à Londres sur l'efficacité de cette mesure. Les besoins pont trop grands et trop urgents pour qu'elle suspende le retrait des dépôts et l'exportation des métaux précieux : Aussi s'attend-on généralement, dans le monde commercial, à un nouveau mouvement de contraction, c'est-à-dire à un resserrement des escomptes et à une élévation de l'intérêt au-dessus de 4 pour 100. La bourse de Londres a baissé avant-hier sur cette nouvelle. À Paris, une rumeur annonçant que l'escompte allait être élève à 4 1/2 et même à 5 pour 100 n'a pas été sans influence sur la baisse des derniers jours.

À ne considérer que l'état actuel de la Banque d'Angleterre, les alarmes qui se répandent seraient bien prématurées. Le dernier bilan qui nous soit parvenu, en date du 3 septembre, accuse encore une situation normale et tout à fait rassurante. La dette instantanément exigible approche d'un milliard de francs, somme qui se décompose ainsi :

Billets au porteur, ou à moins de sept jours.	597,875,100 fr.
Dépôts publics (fonds du trésor, caisses d'épargne, etc.).	117,539,950
Dépôts particuliers (comptes courants)	275,932,825
Total du passif exigible	991,347,875 fr

Pour faire face à ces engagements, il y a un encaisse métallique de 412,501,700 francs, plus un portefeuille commercial d'environ 364 millions. Le reste de la garantie consiste dans la créance non remboursable de la banque sur le gouvernement britannique.

Si les choses se maintenaient dans cet état, les inquiétudes qui existent dans les hautes régions de la finance européenne ne larderaient pas à se dissiper, et la spéculation retrouverait tel entrain communicatif qui depuis un an a fait la fortune de tant d'entreprises Mais si, comme beaucoup de gens le craignent, les dernières mesures sont insuffisantes ; si, pour rappeler l'argent sur le marché de Londres, la Banque d'Angleterre est obligée d'opérer une nouvelle contraction, les financiers influents, les grands industriels, craindront que la crise monétaire ne dégénère, connue en 1839, on crise commerciale : on se tiendra sur la réserve ; on hésitera à s'engager dans des opérations nouvelles, et les valeurs anciennes, faiblement soutenues, auront à traverser une phase de décroissance.

Les personnes qui n'ont pas coutume d'envisager par ce côté les affaires de bourse penseront sans doute que nous attribuons une importance exagérée aux embarras de la place de Londres. Ne l'oublions pas : si les grands résultats arrivent par de petites causes, c'est surtout en matière de banque et de crédit, que font les banques pour rappeler les espèces quand l'exportation des métaux précieux tend à rompre l'équilibre nécessaire entre la monnaie métallique et la somme des engagements ? Les directeurs de la Banque d'Angleterre l'ont dit eux-mêmes dans un mémoire présenté en 1832 à la chambre des communes : «L'or ne peut être ramené de l'étranger que par l'abaissement du prix de toutes les marchandises, » Voici comment ce remède héroïque est pratiqué. On limite les crédits qui alimentaient les spéculations, et on élève le taux de l'intérêt. Les négociants et les entrepreneurs, privés tout à coup des ressources sur lesquelles ils comptaient, en arrivent bientôt aux expédients pour réaliser les fonds dont ils ont le plus urgent besoin : ils offrent au rabais les marchandises et les titres qu'ils possèdent. Une baisse générale, se déclarant sur toutes les valeurs, offre matière à un nouveau genre de spéculation. Il devient plus avantageux et plus sûr d'acheter à l'intérieur des marchandises au-dessous du cours que de risquer son argent dans des opérations lointaines et chanceuses. Les capitalistes se hâtent donc de retirer les fonds qu'ils ont engagés à l'étranger. En même temps les négociants importateurs, qui avaient donné des ordres en temps de hausse, craignent d'acheter au-dessus des nouveaux cours, et se hâtent d'envoyer contre-ordre à leurs agents. Au lieu de se couvrir des marchandises exportées par des achats de matières exotiques, on fait les retours en métaux précieux. Par l'effet de ces manœuvres, l'or et l'argent disséminés au loin rentrent de toutes parts. La circulation monétaire redevient surabondante, la banque reçoit des dépôts comme par le passé, relève son encaisse à un chiffre normal, et reprend majestueusement le cours de ses opérations ; mais le commerce et l'industrie ont subi des pertes écrasantes.

Ce n'est pas de la théorie pure que nous faisons ici. Nous racontons l'histoire de la crise qui a désolé l'Angleterre de 1837 à 1839, crise dont la chambre de commerce de Manchester a consacré le souvenir dans un document des plus instructifs. En possession d'une grande quantité d'or appartenant à la Compagnie des Indes, la Banque d'Angleterre avait surexcité la spéculation en lui offrant des facilités trop étendues : elle avait abaissé le taux des escomptes au-dessous de 3 pour 100. « Dès le commencement de l'année 1836, disent dans leur manifeste les membres de la chambre du commerce de Manchester, la fureur des spéculations sur les valeurs industrielles, et la formation d'innombrables sociétés par actions avertirent ceux qui avaient conservé le souvenir de 1825 que le monde commercial marchait rapidement à des scènes analogues à celles qui avaient caractérisé cette fatale aimée. » Pour mettre un terme au retrait des espèces et à la tendance qu'avaient les capitaux à s'engager au loin, les directeurs de la banque élevèrent successivement le taux des escomptés de 4 à 4 ½ et enfin à 5 pour 100. « Tout le corps du commerce, disent les négocions de Manchester, sur lequel le moindre mouvement restrictif de la banque d'Angleterre agit avec une rapidité électrique, prit l'alarme : chacun s'empressa de réaliser ses voleurs, afin de se garantir autant que possible de l'imminente baisse des prix. Ainsi le but que se proposait la banque se trouva atteint. Pendant le printemps et l'été de 1837, le prix de le toutes les marchandises qui avaient particulièrement servi de matière aux spéculations tombèrent à des prix inférieurs à ceux où ou les avait vus descendre depuis un grand nombre d'années. » L'effet désiré fut obtenu. L'argent rentra en Angleterre. La banque refit largement sa réserve métallique. L'année suivante, reprise des escomptes à bon marché, nouvelle expansion des affaires. Au commencement de 1839, les capitalistes se trouvaient encore une fois engagés pour des sommes considérables dans les spéculations extérieures. Une mauvaise récolte nécessitait des achats de blés au comptant. Recourant au remède ordinaire, la banque releva brusquement le taux des escomptes à 5, à 5 1/2 et jusqu'à 6 pour 100 ; les négociations du papier de commerce devinrent tellement difficiles, que par suite des ventes forcées, on estima à 25 pour 100, au minimum, la dépréciation de toutes les marchandises. Dans les pièces à l'appui du manifeste de Manchester se trouvent les factures d'un négociant importateur qui, sur un ensemble d'articles achetés par lui 2,854,900 fr., a perdu, en raison de la baisse foudroyante, 1,068,975 ; c'est-à-dire 37 1/2 pour 100.

Il n'est pas étonnant que le commerce anglais, où les souvenirs de 1839 sont encore cuisants, suive avec anxiété les opérations de sa banque. Au point de vue spécial de la Bourse de Paris, ces oscillations du marché monétaire sont également dignes d'intérêt. Il est évident que si les capitaux anglais engagés au loin étaient rappelés à Londres par les manœuvres que nous venons de décrire, il y aurait une tendance irrésistible à la baisse sur le continent.

Le bruit s'était répandu la semaine dernière que la Banque de France allait aussi relever le taux de ses escomptes. Une pareille mesure n'aurait pas chez nous la même gravité qu'en Angleterre. Ces contractions violentes qui jugulent impitoyablement le commerce ne sont pas dans les traditions des régents de notre banque, c'est justice à leur rendre. Loin de tourmenter la circulation, ils la modèrent avec une prudence qu'on leur a souvent reprochée comme excessive, mais dont on sent le prix dans des circonstances comme celles où nous touchons. S'ils étaient obligés de modifier les conditions actuelles du crédit, loin de spéculer sur ces rades secousses qui ébranlent les intérêts commerciaux, ils s'appliqueraient au contraire à en adoucir les effets.

La question importante pour les spéculateurs n'est pas l'élévation possible du taux des escomptes ; c'est de savoir jusqu'à quel point la Banque de France, exposée aussi à des retraits de dépôts et à des remboursements multipliés pour solder les blés de Russie et d'Amérique, pourra continuer les avances qu'elle fait actuellement sur les titres négociables à la Bourse. Examinons à ce point de vue le dernier bilan publié, en date du 8 septembre :

André Cochut

Billets au porteur en circulation	661,015,375 fr.
Billets à ordre payables à court terme	5,228,148
Récépissés payables à vue	18,577,789
Dépôts du trésor	69,801,784
Dépôts particuliers et comptes courants	158,748,174
Total des dettes immédiatement exigibles	910,371,270fr.

Les ressources provenant de l'encaisse et des valeurs de portefeuille échelonnées suivant la prévision des besoins sont les suivantes :

Monnaies et lingots pour la réserve de Paris et le service des succursales	452,932,370 fr
Portefeuille : effets de commerce	294,102,841
Avances sur lingots et monnaies	1,875,693
Avances sur titres de rentes françaises	46,050,986
Avances sur titres de chemins de fer	86,048,996
Total des ressources Immédiatement ou prochainement disponibles	881,010,886 fr.

Pour apprécier cette situation au point de vue de la Bourse, il faudrait savoir avec exactitude quelle est l'importance du déficit des récoltes, quelle somme a déjà été exportée pour les achats au comptant, quelle dépense il reste à faire pour compléter les approvisionnements, et enfin dans quelle mesure les étrangers vendeurs de grains voudront bien se payer en nos propres marchandises. À défaut de renseignements précis, chacun reste livré à ses propres évaluations. Il est prudent toutefois de se rappeler les faits suivants.

Pendant les derniers mois de 1846, dès que l'insuffisance des récoltes eut été constatée, la Banque de France eut à fournir 172 millions en espèces, destinés aux achats de blés à l'étranger. Les demandes d'argent pour l'exportation continuèrent pendant l'année 1847. La Banque relit péniblement son encaisse en achetant des lingots à très haut prix en Angleterre, et en livrant au gouvernement russe des titres de rentes françaises pour un capital d'environ 50 millions. Elle réussit, malgré l'affaiblissement de ses propres réserves, à aider largement le commerce au moyen des dépôts du trésor, qui furent abondants ; mais les dépôts particuliers tombèrent au plus bas. On peut se demander aujourd'hui ce qui arriverait, si l'insuffisance des récoltes nécessitait une aussi large exportation de numéraire qu'en 1847. La Banque trouverait-elle à acheter des lingots en Angleterre, où la pénurie des espèces métalliques se fait sentir beaucoup plus que chez nous ? Les négocions russes accepteraient-ils de nouveau des rentes françaises en compensation ? Les fonds du trésor seraient-ils aussi abondants qu'ils l'étaient en 1847, à la suite d'un gros emprunt en partie encaissé ? Et, à défaut de ces ressources, la Banque ne serait-elle pas obligée de limiter sa circulation, et par conséquent de réduire le crédit de 133 millions ouvert actuellement aux spéculateurs sur nantissement de litres de rentes et d'actions de chemins de fer ?

Ces incertitudes contribuent, selon nous, d'une manière beaucoup plus immédiate que le différend turco-russe, sur lequel l'opinion est blasée, à suspendre l'essor des valeurs françaises. Les gens bien avisés enraient jusqu'à ce que la perspective soit éclaircie. Ils veulent savoir si la crise monétaire de Londres sera conjurée par les récentes mesures de la Banque d'Angleterre, ou bien si une contraction plus rigoureuse encore, devenue indispensable pour retenir l'argent qui fuit, ne déterminera pas dans le monde britannique une crise commerciale dont le contre-coup nous atteindrait. En ce qui concerne nos propres affaires, il est prudent d'attendre le moment où on sera suffisamment renseigné sur l'étendue des exportations métalliques. Gardons-nous jusque-là de la confiance irréfléchie, comme d'un découragement sans cause réelle. Avec son encaisse actuel de 453 millions, notre Banque peut encore fournir beaucoup de lingots sans être obligée de réduire sa circulation fiduciaire ; puis, qui sait si les étrangers vendeurs de grains ne se couvriront pas en achetant de nos produits ?

En attendant que la situation se dessine, les esprits spéculatifs sont plus que jamais en effervescence, et comme ils vivent dans la douce persuasion que le capital ne fait jamais défaut au génie, nombre d'affaires dans lesquelles on remue les millions par dizaines sont en voie d'élaboration. On annonce déjà, comme devant figurer prochainement à l'ordre du jour de la bourse, l'emprunt pour la conversion des dettes communales, l'entreprise de la distribution des eaux dans les grandes villes, l'organisation des docks, la reconstitution de. la société des mines de cuivre des Mouzaïas, une entreprise de navigation transatlantique basée sur un nouveau système d'impulsion, diverses compagnies de commerce maritime, d'éclairage, de charriage, etc. Nous parlerons de ces affaires à mesure qu'elles se produiront, si toutefois nous pouvons obtenir des renseignements réellement instructifs.

ISBN : 978-1545570876